쓰레기의 행복한 여행

La Poubelle Et Le Recyclage
by Gérard Bertolini, Claire Delalande and Nicolas Hubesch

Copyright © Actes Sud / ADEME, 2007

Korean translation right © Sakyejul Publishing Ltd., 2007
This edition was published by arrangement with Actes Sud through THE agency, Seoul.

더 에이전시를 통해 Actes Sud와 맺은 독점 계약에 따라 이 책의 한국어판 저작권은 (주)사계절출판사가 소유합니다.
저작권법에 따라 한국 내에서 보호를 받는 저작물이므로 무단 전재와 무단 복제를 금합니다.

■ 일러두기
1. 이 책에 나오는 '우리나라'는 대한민국을 뜻합니다.
2. 폐기물에 관한 각종 법률은 우리나라 법률에 맞게 고쳤습니다.
3. 쓰레기에 관한 통계는 우리나라 통계 자료를 참고하여 고쳤습니다.
4. 프랑스와 다른 쓰레기 처리 방법은 우리나라에 맞게 고쳤습니다.

쓰레기의 행복한 여행

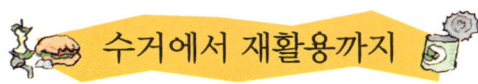
수거에서 재활용까지

제라르 베르톨리니·클레르 드라랑드 글
니콜라 우베쉬 그림 | 유하경 옮김

사□계절

차례

1장 쓰레기의 행복한 여행

쓰레기란 무엇일까요? … 8
옛날의 쓰레기 활용법 … 10
누더기로 종이를 만들던 시절 … 12
세계 최초의 쓰레기통 … 14
뭐든 버리고 새로 사는 세상 … 16
2050년, 지구는 쓰레기 천국 … 18
네 쓰레기통을 보여 줘 … 20
쓰레기는 어떻게 수거하나요? … 22
다시 분류되는 재활용품 … 30
쓰레기가 자원이 되기까지 … 32
재활용이 되지 않는 쓰레기는 어떻게 할까요? … 40

2장 우리의 지구는?

우리의 활동과 쓰레기 … 48
우리가 남긴 생태 발자국 … 50
이만큼 버리는 데 얼마예요? … 52

3장 내가 할 수 있는 일은?

물건을 살 때는 이렇게 해요 … 56
우리가 버린 쓰레기는 바로 우리가 산 물건 … 58
분류하고, 다시 쓰고, 다른 용도로 사용하기 … 60
유기 쓰레기로 퇴비 만들기 … 64
지속 가능한 발전 … 66

쓰레기와 재활용에 관한 퀴즈 … 68
찾아보기 … 72

1장
쓰레기의 행복한 여행

쓰레기란 무엇일까요?

아마 여러분은 이렇게 대답할 것입니다. "쓰레기통에 버리는 모든 것이요!"
하지만 쓰레기도 종류가 아주 다양하답니다.

'쓰레기'란 본디 '문질러서 부스러져 못 쓰게 된 조각'을 뜻하는 '쓸어기'에서 유래된 말입니다. 이 말이 점차 의미가 넓어지면서 비로 쓸어 내는 먼지나 내다 버리는 모든 물건을 통틀어 일컫는 말이 되었습니다.

하지만 우리나라 법에서는 '쓰레기'보다 '폐기물'이라는 말을 많이 사용합니다.
폐기물 관리법(폐기물 처리에 관한 법률)에서는 '쓰레기, 연소재, 오니, 폐유, 폐산, 폐알칼리, 동물의 사체 등 사람의 생활이나 사업 활동에 필요하지 않게 된 물질'을 '폐기물'이라고 규정합니다. 좀 더 쉽게 말하면 '더 이상 쓸모가 없어 버리는 모든 것'을 뜻하지요.

쓰레기는 쓰레기가 생기는 곳에 따라 크게 두 가지로 나누기도 합니다.
- 생활쓰레기 : 가정, 사무실, 식당, 학교 등 일정한 주거 공간이나 생활 공간에서 나오는 쓰레기
- 사업장쓰레기 : 사업장이나 건설 현장에서 나오는 위험한 쓰레기

옛날의 쓰레기 활용법

옛날 사람들은 되도록 물건을 버리지 않았습니다. 무엇이든 아껴 쓰고 고쳐 쓰며 소박하게 생활했지요.

옛날 시골 마을 사람들은 물건을 아껴 쓰고, 함부로 버리지 않았습니다. 사람들은 "어떤 것이든 다 쓸모가 있다."라고 말했습니다. 여자들은 오래된 옷, 가구 따위를 비롯한 수많은 물건들을 버리지 않고 보관해 두었습니다. 옷은 낡아도 버리지 않고 천 조각을 대어 기워 입었습니다.

살림 도구 역시 낡아도 버리기보다는 고쳐서 썼습니다. 낡은 침대보도 버리지 않고 잘라서 행주나 걸레로 썼습니다. 전쟁이 일어났을 때에도 이런 식으로 물건을 재활용했습니다. 여러분의 할아버지, 할머니에게 여쭈어 보면 그때 그 시절에 대한 이야기를 들을 수 있을 것입니다.

지독한 냄새를 풍기던 중세 유럽 도시

사람들은 모든 것을 아껴 쓰며 소박한 삶을 꾸려 갔지만 쓰레기 문제만큼은 쉽게 해결하지 못했습니다. 중세 유럽에서는 쓰레기를 묻거나 태우지 않았습니다. 물론 거름으로도 쓰지 않았지요. 그래서 사람들이 많이 몰려드는 도시에는 갖가지 쓰레기가 산더미처럼 쌓이기 시작했습니다.

당시 사람들은 별 생각 없이 쓰레기를 버렸습니다. "물 조심하세요!" 또는 "위를 조심하세요!"라고 외치며 창밖으로 쓰레기를 던졌습니다. 밖으로 내던진 건 쓰레기뿐만이 아니었습니다. 똥오줌마저 가리지 않고 거리에 쏟아 부었으니까요. 거리 곳곳은 쓰레기와 똥오줌으로 뒤덮여 숨쉬기조차 힘들었습니다.

덕분에 도시에 사는 가축들은 오물이나마 배불리 먹고 살았습니다. 그래서 오물이 조금 줄어들긴 했지요. 하지만 날이 갈수록 눈덩이처럼 불어나는 쓰레기를 가축들이 모두 먹어 치울 수는 없는 노릇이었습니다. 그래서 거리 곳곳은 쓰레기가 넘쳐 나서 엉망진창이 되었습니다.

1185년 프랑스의 왕 필립 오귀스트는 마차를 타고 웅덩이를 지나칠 때마다 풍겨 오는 지독한 냄새를 더 이상 참을 수가 없었습니다. 심지어 궁전 창가에만 다가서도 지독한 냄새가 콧속을 파고들었습니다. 그래서 왕은 거리를 포장하고 쌓여 있던 쓰레기를 깨끗이 치우게 했습니다. 이제 쓰레기를 함부로 버리지 않고 한꺼번에 모아 사람들이 살지 않는 곳에 쌓아 놓기 시작했습니다. 그리고 똥오줌도 쓰레기와 분리해서 관리했지요.

하지만 쓰레기 문제는 좀처럼 해결되지 않았습니다. 거리에는 여전히 파리 떼가 들끓고 쥐 떼가 우글거렸으니까요. 이렇게 지저분한 환경 때문에 페스트와 콜레라 같은 무서운 전염병이 유럽 곳곳으로 퍼져 나가기 시작했습니다. 1300년대 중반에는 전염병으로 수백만 명에 이르는 유럽 사람들이 목숨을 잃었습니다. 이렇게 지저분한 환경 때문에 질병이 생겨나자 사람들은 쓰레기를 처리하는 방법에 대해 고민하기 시작했습니다.

누더기로 종이를 만들던 시절

옛날에도 쓰레기를 재활용하는 방법은 무척 발달해 있었습니다. 특히 다른 사람이 버린 것을 주워다가 되파는 넝마주이들이 거리 곳곳을 누비고 다녔지요.

지난 1960~1970년대 우리나라 거리에서는 망태기를 짊어진 채 납작하고 긴 집게를 들고 돌아다니던 넝마주이를 쉽게 볼 수 있었습니다. 넝마주이란 고철, 유리병, 폐지 따위를 주워 모아 생계를 꾸리는 사람입니다. 옛날 유럽에서도 넝마주이가 거리 곳곳을 누비고 다녔습니다. 누더기, 철, 유리병은 물론이고 심지어 뼛조각까지, 다시 쓸 수 있는 거라면 모조리 주워 담았습니다. 이렇게 모은 고물로 여러 가지 물건을 뚝딱뚝딱 만들어 냈답니다.

넝마주이 말고도 누더기에 관심이 많은 사람들이 있었습니다. 바로 종이 장수랍니다. 종이 장수들은 헌 옷만 보면 좀처럼 눈을 떼지 못했습니다. 그때만 해도 마, 목면, 넝마 같은 것들이 종이의 재료로 쓰였기 때문입니다.

1000년도 넘는 아주 옛날로 거슬러 올라가 볼까요? 당시에 재활용 종이를 썼다면 믿을 수 있겠어요? 그 옛날 사람들은 편평한 돌이나 나무껍질(또는 과일 껍질)이나 점토로 만든 판에다 글을 썼습니다. 그리고 이집트에서는 파피루스(나일 강 주변에 자라는 '파피루스'라는 풀의 껍질을 벗겨서 가공해 만든 종이)에 글을 썼지요. 양피지는 동물 가죽을 오랜 기간 손질해 만든 고급 종이입니다. 그래서 사람들은 이미 사용한 양피지를 긁어낸 뒤 재활용했습니다. 이렇게 글자를 지우고 새 글자를 써 놓은 양피지를 '팔랭프세스트'라고 합니다. 그 뒤로 사람들은 누더기로 종이를 만들어 썼습니다. 그런데 15세기에 구텐베르크가 인쇄기를 발명하자 훨씬 더 많은 종이가 필요하게 되었습니다. 하지만 원료를 구하기가 쉽지 않았습니다. 그래서 나무로 종이를 만드는 기술을 개발하기에 이르렀습니다.

재활용의 역사

"사람들은 기원전 100년, 로마 인이 골 지방(오늘날 프랑스 땅)을 점령했을 때 재활용의 역사가 시작되었다고 말합니다. 아미엥에 주둔하고 있던 로마 군인이자 그리스도교 신자였던 성 마르틴은 가난한 거지들이 추위에 떨고 있는 것을 보고는 따뜻한 자기 외투를 조각조각 잘라 나누어 주었습니다. 그렇게 성 마르틴은 옷을 재활용하였지요.
한편 1805년 12월, 나폴레옹은 아우스터리츠 전투에서 크게 승리를 거두었습니다. 그리고 승리를 기념하려고 전투에서 빼앗아 온 대포 1200문을 녹여 파리의 방돔 광장에 기념탑을 세웠습니다.
이렇듯 옛날에도 하나의 물건을 새로운 물건으로 다시 만들곤 했답니다."

-『'행상'의 기억 혹은 회복의 기억』중에서

세계 최초의 쓰레기통

시간이 흐르면서 사람들도 조금씩 바뀌어 갔습니다. 쓰레기를 길거리에 가지런히 쌓아 놓거나 다양한 통에 담아 모으기 시작한 거죠. 그렇다고 쓰레기 문제가 완전히 해결된 건 아니랍니다.

세계 최초의 쓰레기통은 1884년 프랑스 파리에서 태어났습니다. 당시 도지사였던 외젠 푸벨이 규격화된 쓰레기통을 만들었지요. 그리고 자기 이름을 따 '푸벨(poubelle)' 이라고 불렀습니다. 지금도 프랑스 어로 푸벨은 '쓰레기통' 을 뜻합니다.

당시 쓰레기통은 녹이 슬지 않도록 철에 아연을 입혀 만들었습니다. 쓰레기통은 쓰레기차가 지나갈 때에만 비울 수 있었습니다. 그러자 넝마주이들이 배를 곯기 시작했답니다!

옛날에는 쓰레기를 모아 놓는 쓰레기장이 따로 없었습니다. 그래서 쓰레기가 많이 모이면 사람들이 살지 않는 도시 밖에 적당히 쌓아 두었습니다. 그게 바로 최초의 쓰레기장인 셈이지요.

하지만 그 시대에는 큰 도시에서만 쓰레기 수거가 이루어졌습니다. 시골에서 나오는 쓰레기는 아직 관리되지 않았지요. 그러다 1980년대에 들어서면서 많은 나라들이 쓰레기를 국가적으로 통제하기 시작했습니다.

우리나라 최초의 쓰레기 처리법

1961년 우리나라에도 처음으로 쓰레기 처리에 관한 법인 '오물청소법'이 제정되었습니다. 당시 쓰레기 처리에 관한 일은 지금처럼 복잡하지 않았습니다. 똥오줌을 처리하고, 도시에서 나오는 쓰레기를 치우는 정도였지요. 하지만 시간이 흐르면서 쓰레기 처리는 점점 더 복잡해졌습니다. 산업폐기물을 비롯해 사회 곳곳에서 여러 가지 쓰레기들이 쏟아져 나왔거든요. 더 이상 똥오줌과 도시에서 나오는 쓰레기를 처리하는 정도로는 쓰레기 문제를 해결할 수 없었습니다. 그래서 쓰레기 처리에 관한 법도 복잡한 과정을 거치며 변하게 됩니다.

뭐든 버리고 새로 사는 세상

18세기 후반, 기계가 발명되고 기술이 발달하자 세상은 빠르게 달라지기 시작했습니다. 이제 많은 물건들을 한꺼번에 만들어 싼값에 팔 수 있게 되었습니다. 이렇게 쏟아져 나온 물건들은 사람들의 눈길을 금세 사로잡았습니다. 돈만 있으면 무슨 물건이든 살 수 있는 시대가 온 것입니다.

사람들은 편안함과 안락함을 좇아 많은 물건을 사들이기 시작했습니다. 예전보다 더 많은 옷을 사고, 값비싼 전자 제품도 망설이지 않고 사들였습니다. 그리고 물건을 포장한 용기의 모습도 달라졌습니다. 예전에는 계속해서 다시 쓸 수 있던 포장 용기가 한 번 쓰고 버리는 포장 용기로 바뀐 거지요. 게다가 이제 포장하지 않은 물건은 찾아보기가 힘들 정도입니다.

우리나라에서는 해마다 수천억 개에 달하는 물건들이 포장되어 나옵니다. 또 볼펜, 휴지, 일회용 그릇처럼 한 번 쓰고 버리는 일회용품도 셀 수 없이 쏟아집니다.

이제 우리는 고장 난 물건을 더 이상 고쳐 쓰려고 하지 않습니다. 그래서 물건의 수명은 점점 더 짧아졌습니다.

호모 플라스티쿠스(Homo plasticus), 호모 일렉트로니쿠스(Homo electronicus)

우리 생활은 온통 플라스틱으로 둘러싸여 있습니다. 이제 플라스틱이 없는 세상에서는 단 하루도 살 수 없을지도 모릅니다. 플라스틱은 우주와 항공 산업에도 중요한 재료입니다. 빠르게 달리는 기차나 자동차를 만드는 데에도 플라스틱이 들어갑니다.

전자 제품의 수도 많이 늘어났습니다. 우리나라에서는 해마다 수천만 대에 이르는 컴퓨터가 팔려 나갑니다. 하지만 전자 제품의 수명은 점점 짧아집니다. 얼마 지나지 않아 성능이 더 뛰어난 새로운 제품이 나오기 때문입니다.

국제연합환경계획은 전 세계에서 해마다 2000만~5000만 톤에 이르는 전자 제품 쓰레기가 쏟아져 나온다고 합니다. 전자 제품 쓰레기에서는 위험한 물질이 흘러 나와 환경을 오염시킬 수도 있습니다. 이런 까닭에 많은 선진국들이 자기 나라에서 전자 제품 쓰레기를 처리하는 걸 꺼립니다. 그래서 중국, 인도와 같은 개발도상국에 돈을 주고 어마어마한 양의 전자 제품 쓰레기를 버리고 있습니다.

2050년, 지구는 쓰레기 천국

40~50년 전에 비해 우리나라에서 나오는 쓰레기의 양은 엄청나게 늘어났습니다. 삶의 수준이 빠르게 높아졌기 때문이지요. 잘사는 나라일수록 더 많은 쓰레기를 쏟아 냅니다. 선진국이 개발도상국보다 쓰레기를 여섯 배나 많이 버립니다.

오늘날 지구에 사는 60억 인구는 1년에 20억 톤에 달하는 쓰레기를 버립니다. 그 가운데 절반이 넘는 쓰레기가 인구가 빠르게 증가하고 삶의 수준이 높아지고 있는 아시아에서 나오고 있습니다.

2050년이 되면 세계 인구는 90억 명에 이르게 될 것입니다. 만약 지금처럼 계속 쓰레기를 버린다면 2050년쯤에는 전 세계 쓰레기양이 지금보다 네 배는 더 늘어날 것입니다.

우리나라에서는 좀 더 적극적으로 환경을 보호하기 위해 1986년에 '폐기물 관리법'을 시행했습니다.

- "모든 국민은 자연환경과 생활환경을 청결히 유지하고, 폐기물의 감량화와 자원화를 위하여 노력하여야 한다."(제7조 1항)
- 이 법의 가장 큰 특징은 쓰레기를 더 이상 더러운 오물로 보지 않고 자원으로 본다는 것입니다.

하지만 실제로 쓰레기를 처리하는 데에는 여러 가지 어려움이 뒤따랐습니다. 또 쓰레기를 분리수거해서 재활용하는 작업은 제대로 이루어지지 않았지요. 특히 1990년대에 접어들자 쓰레기 처리 문제가 계속 생겨나 민원이 끊이지 않았습니다. 그래서 쓰레기를 적절하게 처리하고 줄이기 위한 다양한 노력이 필요하게 되었습니다.

- 지방자치단체는 저마다 쓰레기를 원활하게 처리할 수 있도록 구체적인 계획을 세워야 합니다. 예를 들어 한 지방에 어떤 쓰레기 처리 시설이 필요한지, 그리고 사람들에게 해를 끼치지 않도록 그 처리 시설은 어디에 세울 것인지 따위를 결정합니다.

- 시민들은 되도록 쓰레기를 적게 버리고 최대한 재활용을 해야 합니다. 또한 일회용품도 되도록 사용하지 않아야 합니다.

- 1995년부터는 재활용품을 제외한 쓰레기는 종량제 봉투에만 담아 버릴 수 있게 되었습니다. 예전에는 집집마다 쓰레기 처리 비용이 정해져 있었지만 이제는 쓰레기를 버린 만큼 쓰레기 처리 비용을 내야 합니다.

- 기업은 쓰레기 재활용이 최대한 이루어질 수 있도록 노력해야 합니다. 예를 들어 각 기업에 맞는 재활용 목표를 세우고, 제품을 만들 때부터 재활용이 가능한 재료를 선택합니다.

세계 여러 나라들이 쓰레기 처리 문제로 골머리를 앓고 있습니다. 그래서 자기 나라 상황에 맞는 쓰레기 처리 제도를 갖추려고 많은 시간과 노력을 들이고 있지요. 이제 지구에 사는 모든 사람들은 쓰레기를 적게 버리고 재활용을 해야 합니다.

네 쓰레기통을 보여 줘

쓰레기를 한꺼번에 같은 쓰레기통에 버리지 마세요.
쓰레기의 종류에 따라 버리는 방법이 다르니까요.

우유갑, 신문지, 책, 달력 같은 종이류는 따로 모아 재활용 수거함에 넣습니다.

가구나 전자 제품처럼 처리하기 힘든 커다란 쓰레기는 동사무소에 신고를 해 수수료를 낸 뒤 스티커를 붙여서 버립니다.

유리병, 플라스틱 병, 금속 깡통은 종류별로 나누어서 재활용 수거함에 넣습니다.

음식물 쓰레기는 최대한 물기를 없앤 다음 전용 수거함에 버립니다.

우리나라 사람 한 명은 하루 평균 1.04킬로그램꼴로 쓰레기를 버립니다. 4인 가족이라면 날마다 4.16킬로그램의 쓰레기를 버리는 셈입니다(2008년 기준). 그리고 그 가운데 절반이 넘는 쓰레기가 재활용됩니다. 우리가 분리수거를 더욱 열심히 한다면 재활용되는 쓰레기는 이보다 훨씬 많아질 것입니다.

재활용할 수 없는 일반 쓰레기는 종량제 봉투에 담아 버립니다. 종량제 봉투는 가까운 슈퍼마켓이나 편의점에서 살 수 있습니다. 하지만 지역마다 종량제 봉투가 달라서 다른 지역에서 파는 종량제 봉투는 사용할 수 없습니다. 이를테면 부산에서 산 종량제 봉투는 서울에서 사용할 수 없다는 것이지요.

필요 없는 장난감과 옷은 봉사 단체에 기부할 수 있습니다. 어떤 지역에서는 옷이나 이불 같은 섬유류를 따로 수거해 가기도 합니다.

페인트나 화학 약품이 들어 있던 통은 재활용할 수 없습니다.

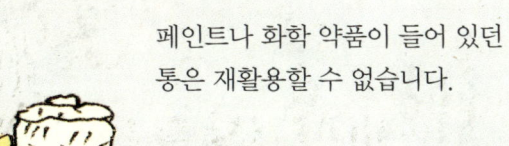

지렁이 화분을 키우세요!

지렁이가 음식물 쓰레기를 간단히 처리할 수 있답니다.

1. 높이가 30센티미터 정도 되는 화분을 준비하세요.
2. 낚시 가게에서 '붉은지렁이'를 200그램 정도 구해 흙과 함께 섞어 화분에 넣으세요.
3. 화분은 햇빛이 들어오지 않게 검은 천으로 덮은 뒤 선선한 곳에 보관하세요.
4. 2~3일 지난 뒤 음식물 쓰레기를 넣어 주세요.

다 쓴 건전지는 폐건전지 수거함에 넣습니다.

쓰레기는 어떻게 수거하나요?

우리는 쓰레기차가 거리를 누비며 쓰레기를 수거하는 모습을 자주 보게 됩니다.

쓰레기차는 자동으로 쓰레기통을 들어 올려 내용물을 비우는 기계 장치를 갖추고 있습니다.
거기에 쓰레기의 밀도를 높여 쓰레기를 많이 담게 해 주는 압축 장치도 달려 있지요.
최근에는 터치스크린 방식의 컴퓨터를 비롯해 지피에스(GPS) 장치까지 갖춘 쓰레기차도 등장했습니다.
또 에너지 절약형이나 저소음형 쓰레기차와 같은 친환경 쓰레기차도 꾸준히 개발되고 있습니다.

쓰레기차를 타고 다니며 쓰레기를 치우는 사람들은 환경 미화원 한두 명과 운전사로 이루어집니다. 미화원이 입는 옷 색깔은 나라마다 도시마다 다릅니다. 우리나라 미화원은 대부분 짙은 녹색이나 회색 옷에 야광 띠가 달린 주황색 안전 조끼를 입습니다. 그런데 최근 몇몇 도시들이 미화원 작업복을 밝은 색으로 바꾸고 있습니다. 2006년에는 부산시가 형광노란색으로, 2008년에는 울산시가 녹색과 진한 파랑색으로 바꾸었지요. 그리고 2009년에는 서울시가 형광연두색으로 작업복을 바꾸었습니다.
밝은 색 작업복은 산뜻한 느낌을 주면서도 어두운 새벽에도 쉽게 눈에 띄어서 안전성이 높습니다.

예나 지금이나 미화원은 존경 받는 직업이 아닙니다. 하지만 깨끗한 환경에서 건강하게 생활하려면 미화원의 도움을 받아야 합니다. 미화원의 작업 환경은 예전보다 많이 나아지긴 했지만 여전히 힘들고 위험합니다. 자동차에 치일 위험도 많고, 주사기 같은 의료 폐기물에 다칠 수도 있습니다(예를 들어 당뇨병 환자는 직접 주사를 놓기도 합니다. 우리나라는 집에서 주사기를 안전하게 버릴 수 있는 마땅한 방법이 없습니다).

쓰레기 '가족'은 저마다 갈 곳이 따로 정해져 있습니다.

포장재의 분리수거

모든 쓰레기를 한꺼번에 버려서는 안 됩니다. 어떤 쓰레기는 또 다른 삶을 살 수도 있으니까요.

물건을 다 쓰고 나면 포장재가 남습니다. 이를테면 음료수 병이나 부탄가스 통, 화장품이 담겨 있던 플라스틱 용기 등과 같은 것이지요. 이런 포장재의 겉면을 자세히 살펴보면 화살표 세 개가 맞물려 삼각형을 이루고 있는 표시가 보일 것입니다. 이는 생산자가 소비자를 위해 표시해 둔 것이지요. 이 표시를 보면 재활용이 되는 포장재를 쉽게 분리할 수 있습니다. 우리나라를 비롯해 세계 여러 나라에서 포장재를 재활용하기 쉽게 포장재에 이런 표시를 해 둡니다.

 일본  미국  유럽연합

삼각형 도안 안의 글자는 포장재의 종류에 따라 종이, 철, 알루미늄, 유리, 플라스틱류(플라스틱은 종류에 따라 PET, HDPE, LDPE 등이 있습니다)가 있습니다. 우리는 이 표시에 따라 포장재를 분리해서 버려야 합니다.

– 재활용이 되는 쓰레기는 보통 종이류, 유리병류, 깡통류, 고철류, 플라스틱류로 나누어 재활용 수거함에 넣습니다. 분리수거 방법은 나라마다 또는 지역마다 다릅니다. 예를 들어 서울시에서는 헌 옷이나 이불 같은 섬유류를 추가해서 수거하고 있고, 일본의 미나마타 시에서는 쓰레기를 무려 23가지로 나누어 분리수거한다고 합니다.

환경 미화원은 시·군·구에서 정해 놓은 요일에 맞추어 쓰레기를 수거합니다.
- 쓰레기를 내놓는 요일과 방법은 지역마다 다릅니다.
- 어떤 지역에서는 폐건전지와 폐형광등을 수거하는 함을 따로 설치해 두기도 합니다.

위험한 쓰레기들

환경에 해를 끼치는 위험한 쓰레기도 있습니다. 예를 들어 건전지가 그렇습니다. 건전지에는 많은 양의 중금속이 들어 있기 때문입니다.

집에서도 페인트 통이나 폐약품을 비롯한 위험한 쓰레기가 많이 나옵니다. 이런 쓰레기를 함부로 버리면 토양이나 하천이 오염될 수 있습니다.

사람들이 잘 모르고 있지만 볼펜이나 잉크를 지우는 데 쓰는 수정펜 역시 다른 쓰레기와 함께 버리면 안 됩니다. 수정펜 속에 들어 있는 흰색 액체가 불에 잘 타기 때문입니다. 몇몇 나라에서는 이미 수정펜을 위험한 쓰레기로 분류하고, 겉면에 처리 방법을 적어 두었습니다.

우리가 버리는 건전지

우리나라에서 한 해 동안 팔리는 건전지는 무려 10억 개에 이르며, 하루에 300만 개씩 버려지고 있다고 합니다. 아직도 건전지를 함부로 버리면 환경오염을 일으킨다는 사실을 모르는 사람이 많습니다. 폐건전지는 반드시 학교나 관공서, 아파트 단지 안에 있는 폐건전지 수거함에 버려야 합니다.

위험한 의약품 쓰레기들

감기약, 두통약, 진통제, 연고와 같이 우리가 일상적으로 먹거나 바르는 약도 쓰레기통이나 하수구에 함부로 버리면 안 됩니다. 쉽게 분해되지도 않을 뿐더러 자연으로 흘러들어가 생태계에 치명적인 영향을 끼치기 때문입니다. 예를 들어 아주 적은 양이라도 호르몬제에 노출된 물고기는 성별이 바뀌고, 항생제에 노출된 물벼룩은 번식률이 떨어집니다. 그래서 미국, 프랑스, 이탈리아 같은 나라에서는 버리는 약을 약국에 가져다주면 제약 회사가 무료로 수거해 간다고 합니다. 우리나라는 조금 늦었지만 2008년 서울시를 시작으로 2009년부터는 모든 도시의 약국 안에 폐의약품 수거함을 설치해 두고 있습니다.

처리하기 힘든 커다란 쓰레기들

우리가 직접 처리하기 곤란한 쓰레기도 있습니다. 너무 크거나 위험한 성분 때문에 다른 쓰레기처럼 쉽게 처리하지 못하는 것들이지요.

의자처럼 커다란 물건은 종량제 봉투에 넣을 수도 없습니다. 이런 쓰레기는 동사무소에 신고해 수수료를 낸 뒤 스티커를 붙여서 버려야 합니다. 쓰레기의 종류와 크기에 따라 1000원에서 1만 5000원 정도의 처리 비용이 듭니다. 그러니 돈을 들여 쓰레기를 버리기 전에 꼭 버려야 하는지 따져 보세요!

생산자 책임 재활용 제도가 생긴 이래로 생산자(기업)의 재활용 의무는 점점 확대되고 있습니다. 특히 전자 제품의 경우 대부분 소비자가 새 전자 제품을 사면 이전까지 쓰던 전자 제품을 생산자가 무상으로 회수해 갑니다.

우리나라의 재활용 센터

사람들이 버리는 가전제품과 가구의 70퍼센트는 고치기만 하면 다시 사용할 수 있습니다. 우리나라의 구청이나 동사무소에서는 이런 가전제품과 가구를 효율적으로 이용하기 위해 재활용 센터를 운영하고 있습니다. 이곳에서는 헌 가전제품과 가구를 깨끗하게 고쳐서 주민들에게 싼값에 내놓습니다.

냉장고의 무게가 50킬로그램이라면 그중 38킬로그램은 강철이 차지합니다. 그리고 단열재로 쓰이는 폴리우레탄이나 그 밖에 다양한 플라스틱도 들어 있습니다. 하지만 무엇보다 냉장고 속에는 냉매로 쓰이는 프레온가스가 들어 있습니다. 이 가스가 대기에 퍼지면 지구를 보호하는 오존층이 파괴됩니다. 그래서 냉장고는 함부로 버리면 안 됩니다. 만약 새 냉장고를 산다면 기업에서 냉장고를 수거해 가겠지만 그게 아니라면 동사무소에 신고하고 버려야 합니다. 이렇게 수거된 냉장고는 프레온가스를 안전하게 제거한 다음 금속이나 플라스틱 따위를 분리해서 재활용합니다.

컴퓨터는 유리, 플라스틱, 강철, 비철금속(철 이외의 금속), 이렇게 네 가지 재료로 만듭니다. 비철금속 중에는 아주 적은 양이긴 해도 금과 구리 같은 값비싼 금속도 있습니다. 하지만 모니터 유리에 많이 들어 있는 납이나 영상을 만들어 내는 데 쓰이는 희토류 원소는 환경에 아주 위험합니다.

더 이상 탈 수 없는 자동차는 폐차장으로 보냅니다. 폐차 업자는 자동차에서 쓸 만한 부품을 빼낸 뒤 차를 분해해 오염 물질을 제거합니다. 그런 다음 차를 부수어 재활용할 수 있는 금속을 분리해 냅니다. 자동차 한 대의 무게에서 철 금속(차체)과 비철금속(수은 배터리, 구리 케이블, 알루미늄 모터 등)이 차지하는 비율은 4분의 3이나 됩니다. 그 밖에 다양한 종류의 플라스틱, 탄성 고무(타이어), 유리(창문), 직물(의자)도 재활용하지요. 하지만 차 속의 액체(엔진오일, 휘발유, 그 밖의 액체)는 환경을 오염시키는 위험한 물질입니다.

다시 분류되는 재활용품

분리수거한 쓰레기의 재분류 작업

분리수거한 쓰레기는 세분화해 다시 분류하는 작업을 거칩니다. 대부분의 지방자치단체에서는 분리수거한 쓰레기를 다시 분류할 수 있도록 '재활용 분리 선별장'을 마련해 두고 있습니다.

이러한 분류 작업은 대부분 사람 손으로 직접 하지만 좀 더 어려운 작업은 기계가 대신하기도 합니다.

플라스틱 병은 재질이 서로 다른 몸통과 뚜껑으로 이루어집니다. 둘 다 재활용할 수 있습니다. 어떤 우유갑을 보면 겉은 종이이지만, 안은 알루미늄포일과 폴리에틸렌(플라스틱의 한 종류) 비닐이 입혀져 있습니다. 이런 우유갑을 재활용하려면 여러 가지 물질 가운데 종이 성분만 분리해야 합니다(하지만 이 작업은 상당히 어렵습니다). 이렇게 분리한 종이로 새로운 종이를 만듭니다.

이렇게 분리 작업을 마치고 아무 데도 쓸모가 없는 쓰레기가 모이면 쓰레기 매립 시설이나 소각 시설로 보냅니다.

쓰레기가 자원이 되기까지

재활용할 수 있는 쓰레기를 올바르게 분류하면 새 물건을 만들 때 드는 원료와 에너지를 절약할 수 있습니다.

금속

강철은 철 광물을 목탄과 함께 가열하거나 전기 가마 안에서 고철(낡고 오래된 철)을 녹여서 만듭니다. 이 세상에 존재하는 강철의 절반은 고철을 녹여 만든 것입니다. 한편 비철금속인 알루미늄은 '보크사이트'라고 하는 광물을 전기분해해서 만듭니다. 이 과정에서 많은 전기에너지가 소모됩니다. 그래서 알루미늄을 재활용하면 에너지를 스무 배 가까이 절약할 수 있습니다.

여러분이 마시는 음료수 깡통의 꼭지가 강철인지 알루미늄인지 알고 싶다면 자석을 대 보세요. 자석은 강철에만 붙으니까요. 하지만 어떤 깡통은 꼭지가 강철이라도 뚜껑 부분은 알루미늄으로 되어 있다는 사실에 주의하세요. 비철금속은 강철보다 재활용하는 데 드는 비용이 훨씬 비쌉니다. 그리고 귀금속을 재활용하는 값은 더 비싸지요.

유리

유리는 석영이 많이 들어 있는 모래에 여러 가지 혼합물을 섞어 만듭니다. 이때 혼합물을 섭씨 1500도가 넘는 가마에 넣어 완전히 녹여야만 유리가 됩니다. 열에너지가 많이 소모되는 일이지요. 유리를 재활용하면 새 유리를 만드는 것보다 열에너지를 3분의 1 정도 절약할 수 있습니다. 분리수거한 유리병은 깨끗이 씻어 재활용하거나 녹여서 새로운 유리를 만듭니다.

유리병은 여러 번 녹여 재활용해도 고유의 특성을 잃지 않습니다. 유리병을 분리수거할 때에는 무색, 갈색, 녹색으로 나누는 게 좋습니다. 만들 때 염료를 넣으면 색깔 있는 병이 되는데, 유리에 넣은 염료는 없앨 수 없습니다. 색깔 있는 병으로 투명한 유리병을 만들 수 없다는 뜻이지요. 따라서 색깔별로 분리수거하는 게 좋답니다.

종이

재활용 가능한 종이의 종류는 다양합니다.
- 신문지
- 책이나 공책
- 상자류(과자 상자, 골판지 상자 등)
- 기타 종이류(종이 팩, 종이컵 등)

종이를 재활용하면 나무와 물, 에너지를 절약할 수 있습니다. 재활용된 종이 1톤은 30년생 나무 17그루, 물 28톤, 석유 1500리터, 쓰레기 매립지 1.7제곱미터를 아끼는 효과가 있다고 합니다. 우리나라에서는 60퍼센트 이상의 종이가 재활용되고 있습니다.

지금 여러분이 쓰고 있는 공책도 나중에는 골판지를 만드는 데 쓰일 수도 있습니다. 하지만 재활용 과정에서 종이에 있는 잉크 입자를 깨끗하게 지워야 합니다.

이집트의 파피루스

고대 이집트에서는 나일 강 주변에서 자라는 파피루스라는 풀로 종이를 만들었습니다. 먼저 파피루스의 껍질을 벗겨서 얇게 뜹니다. 그리고 그 조각들을 판판하게 편 뒤 물에 적셔서 부드럽게 만듭니다. 그다음에 조각 하나를 반듯이 놓은 뒤 다른 조각을 반대 방향으로 올려놓습니다. 그러면 껍질에서 수액이 나와 두 조각이 붙습니다. 이렇게 만든 파피루스 종이는 튼튼하고 부드러웠습니다. 하지만 만들기 어려워 귀하고 비쌌습니다. 그래서 공식적인 문서나 종교적인 문서를 만들 때에만 파피루스를 썼습니다. 그 밖에는 돌 조각이나 도기 조각, 나무 조각에 글을 썼습니다. 파피루스는 종이 말고 배의 돛이나 땔감으로도 쓰였습니다.

여러분은 자기도 모르는 사이에 이미 재생지(한 번 쓴 종이를 녹여 다시 만든 종이)를 쓰고 있습니다. 물건을 포장할 때 쓰는 골판지 상자는 대부분 종이를 재활용해서 만듭니다. 여러분이 읽는 책 가운데 재생지로 만든 책도 있을 것입니다. 그리고 화장실의 휴지는 종이 상자(우유갑 등)를 재활용해서 만들었을지도 모릅니다.

플라스틱

플라스틱은 석유나 천연가스로 만듭니다. 플라스틱을 구성하는 물질은 원재료 속에 들어 있는 탄소입니다. 탄소들의 배열된 형태에 따라 다양한 플라스틱이 만들어집니다.

플라스틱을 재활용하는 과정은 굉장히 복잡합니다. 종류도 많은 데다가, 성질이 다른 플라스틱은 함께 재활용할 수 없습니다. 만약 종류가 다른 플라스틱을 혼합하면 본디 지니고 있던 성질을 잃어버리기 때문이지요. 게다가 재활용할 수 없는 플라스틱도 있습니다.

버려진 페트병은 첨단 기술을 이용해 다시 페트병으로 만들 수 있습니다. 그리고 옷을 만드는 데 필요한 합성섬유나 양탄자 등과 같이 새로운 물건으로 만들 수도 있습니다.
또 농촌에서 버린 비닐하우스의 비닐과 비료 부대 등은 열로 녹여서 정화조나 배수로를 만드는 데 사용하기도 합니다.

플라스틱을 재활용하는 기술은 예전보다 많이 발달했습니다. 하지만 금속, 유리, 종이에 비해 재활용이 잘 이루어지지 않고 있습니다. 무엇보다도 비용이 많이 들기 때문입니다. 석유로 플라스틱을 새로 만드는 것보다 재활용하는 비용이 더 비싸니까요.

타이어

다시 쓸 수 없는 타이어는 잘라서 차량용 밧줄이나 등산로 따위를 만드는 데 사용합니다.
또는 타이어를 가루로 만들어서 운동장 트랙을 포장하거나 손수레 바퀴를 만들기도 합니다.

옷과 기타 직물

헌 옷은 자선단체에 보내 필요한 사람에게 나누어 줄 수 있습니다. 요즘에는 옷을 잘 물려 입으려 하지 않습니다. 하지만 면역성이 약하거나 아토피가 있는 사람은 되도록 헌 옷을 입는 게 좋습니다. 헌 옷은 옷을 만들 때 사용한 해로운 화학물질이 대부분 떨어져 나가 있기 때문입니다.

그 밖에 옷과 직물은 새로운 용도로도 쓰입니다. 예를 들어 면으로 된 섬유는 흡수가 잘돼 공업용 걸레로 쓰입니다. 공장에서 나오는 기름이나 오물을 닦는 데 아주 좋거든요.

또 올이 잘 풀리는 옷은 기계를 이용해서 다시 실로 만든 다음 농업용 보온 덮개를 짜거나, 방음·방수 처리 재료로도 사용합니다.

유기 쓰레기

썩은 사과나 마른 나뭇가지처럼 우리가 쓰레기라고 생각하는 것도 자연에서는 비료로 쓰일 수 있습니다. 이런 쓰레기는 흙 속의 작은 동물과 미생물에 영양을 공급합니다. 또 식물이 잘 자라는 데에도 도움을 주지요.

쓰레기를 재활용하는 자연

보통 1제곱미터의 흙 속에는 미생물 2.5킬로그램이 살 수 있습니다. 이렇게 흙에 사는 미생물들을 통틀어 '토양미생물' 이라고 합니다. 건강한 흙 속에는 수많은 토양미생물들이 살고 있습니다. 토양미생물은 유기 쓰레기를 분해시켜 식물이 빨아들이기 좋은 형태로 바꾸어 놓습니다. 하지만 오늘날 대부분의 흙은 유기물질이 부족합니다. 농약과 비료에 시달리며 쉬지 않고 농작물 길러 내느라 유기물질을 모두 빼앗겨 버렸기 때문입니다. 이렇듯 우리의 생태계는 위협 받고 있습니다.

음식물 쓰레기를 재활용하는 이유

생활쓰레기 가운데 음식물 쓰레기는 29퍼센트 정도를 차지합니다(2008년 기준). 2005년부터 우리나라에서는 음식물 쓰레기를 매립할 수 없게 되었습니다. 음식물 쓰레기는 수분이 80퍼센트를 차지하기 때문에 심한 악취와 침출수(쓰레기가 썩어 지하에 가라앉은 물)를 만들어 냅니다. 그래서 토양오염과 대기오염은 물론 수질오염까지 일으키게 되지요. 이를 소각한다고 해도 많은 열에너지가 소모됩니다. 게다가 우리나라 음식에는 소금기가 많아 소각 시설에 나쁜 영향을 끼칠 수도 있습니다. 그래서 음식물 쓰레기는 되도록 줄이고 재활용해야 합니다. 음식물 쓰레기는 분리 배출만 잘 한다면 100퍼센트 다시 이용할 수 있습니다.

유기 쓰레기를 재활용하는 방법

유기 쓰레기로 바이오 가스나 퇴비를 만들 수 있습니다. 바이오 가스는 유기 쓰레기에 있는 미생물을 이용해서 만듭니다. 메탄이 주성분인 이 가스는 천연가스처럼 에너지로 쓸 수 있습니다. 유기 쓰레기는 집에서도 손쉽게 재활용할 수 있습니다. 동물에게 줄 수 있고 퇴비를 만드는데 쓸 수 있으니까요(64쪽 참고).

친환경 산업에 뛰어든 도시, 울산

울산시는 우리나라 최초로 순도가 높은 바이오 가스를 생산하는 시설을 세웠습니다. 이 시설은 하루에 시내버스 100대가 달릴 수 있는 에너지를 생산할 수 있다고 합니다. 이제 울산시는 음식물 쓰레기를 처리하는 비용도 줄이고 음식물을 소각할 때 생기는 이산화탄소도 줄일 수 있게 되었습니다.

재활용이 되지 않는 쓰레기는 어떻게 할까요?

재활용이 되지 않는 쓰레기(또는 종량제 봉투에 담긴 쓰레기)는 쓰레기차가 거리를 돌아다니며 수거해 갑니다. 차가 다닐 수 없는 좁은 길에서는 손수레를 이용해 쓰레기를 쓰레기차로 옮기지요. 최근에는 쓰레기 처리 시설이 멀리 떨어져 있는 경우가 많습니다. 그래서 우선 쓰레기를 임시로 모아 두는 적환장으로 실어 나릅니다.

적환장에서는 쓰레기를 압축시킵니다. 그다음에 대형 쓰레기차에 쓰레기를 싣고 쓰레기 처리 시설로 옮깁니다. 이렇게 하면 교통 문제도 어느 정도 해결되는 데다 운반비와 인건비도 줄일 수 있습니다. 물론 특별한 경우에는 선박이나 항공기 같은 다양한 운송 수단을 이용하기도 합니다.

소각 시설

이렇게 수거한 쓰레기는 소각 시설로 보내집니다. 하지만 우리나라는 소각 시설이 많지 않습니다. 사람들은 자기 동네에 소각 시설이 들어서는 걸 원치 않습니다. 소각 시설이 동네를 오염시킬 수 있다는 걱정 때문이죠. 또 소각 시설이 들어서더라도 다른 지역의 쓰레기는 처리할 수 없습니다. 소각 시설이 들어선 지역의 쓰레기만을 소각할 수 있는 거지요. 이런 사정 때문에 우리나라는 쓰레기를 소각하는 양이 적습니다.

❶ 커다란 구덩이에 쓰레기를 쏟아 붓습니다. 시설마다 다르지만 보통은 쓰레기를 잘게 부수어 섞습니다. 이렇게 하면 쓰레기가 잘 타기 때문입니다. 그다음에 기중기가 쓰레기를 태우는 곳으로 옮깁니다.

❷ 쓰레기를 태우면 부피는 95~99퍼센트, 무게는 80~85퍼센트 정도 줄어듭니다. 뿐만 아니라 난방을 하거나 전기를 생산하는 데 쓰이는 증기를 추출할 수도 있습니다. 그러므로 석유, 천연가스, 석탄 같은 에너지가 절약되지요. 이렇게 생산된 에너지는 소각 시설의 자체 에너지로 쓰이거나 인근 지역의 난방열로 공급됩니다.

우리나라에서는 전체 쓰레기의 5.2퍼센트, 생활쓰레기의 19.9퍼센트를 소각하고 있습니다(2008년 기준).

❸ 소각로는 연기(먼지, 산성 가스, 중금속, 다이옥신) 처리 장치를 갖추고 있습니다. 이런 정화 시설은 쓰레기가 연소될 때 생기는 오염 물질을 걸러 줍니다.

쓰레기를 태우고 남은 재는 보도블록이나 도로를 만드는 원료로 재활용하거나 매립 시설로 보내집니다.

❹ 마지막으로, 법으로 정한 기준보다 훨씬 낮은 농도의 오염 물질이 굴뚝을 통해 대기로 배출됩니다.

어떤 지역에서는 대기오염 농도를 굴뚝 자동 측정 시스템으로 감시합니다. 이 시스템은 오염 물질의 농도를 24시간 내내 측정하면서 실시간으로 그 결과를 공개합니다. 주민들은 인근 지역에 설치된 전광판이나 홈페이지를 통해 쉽게 정보를 알 수 있습니다.

매립 시설

아무리 쓰레기를 재활용하고 소각해도 여전히 많은 쓰레기가 남습니다. 이런 쓰레기는 매립합니다. 우리나라는 전체 쓰레기의 10.5퍼센트, 생활쓰레기의 20.3퍼센트를 매립하고 있습니다(2008년 기준). 매립 시설은 시간이 지나면 더 이상 쓰레기를 매립할 수 없습니다. 하지만 매립 시설을 새로 만드는 건 무척 어려운 일입니다. 아무도 자기 동네에 매립 시설이 들어서는 걸 원하지 않기 때문입니다. 매립 시설이 동네를 오염시킬 수 있다는 걱정 때문이죠.

쓰레기 매립 시설은 쓰레기 종류에 따라 여러 가지가 있습니다.
– 차단형 매립 시설 : 위험한 쓰레기(소각재, 오니, 매연, 광재)를 매립합니다.
– 관리형 매립 시설 : 쉽게 분해되는 쓰레기(종이 조각, 나무 조각, 섬유 조각, 동물 사체)를 매립합니다.
이런 쓰레기는 분해되면서 침출수가 흘러나와 지하수나 공공 수역을 오염시킬 수 있어요.

'교양 없는 배출'이나 '야생 쓰레기 투기'는 법에 어긋날 뿐만 아니라 환경도 오염시킵니다. 예를 들어 일부 양심 없는 사람들은 숲 속에 이불이나 냉장고, 부서지거나 못 쓰게 된 물건 따위를 버립니다.

옛날에는 쓰레기를 매립하면 침출수가 흘러나와 근처에 있는 물이 오염되고, 냄새가 고약한 가스가 새어 나왔습니다. 하지만 아무런 정화 시설도 갖추지 않고 그냥 내버려 뒀지요. 게다가 심심찮게 아무 곳에서나 쓰레기를 함부로 태우기도 했습니다. 하지만 오늘날 쓰레기는 아주 엄격하게 관리되고 있습니다. 그리고 많은 노력을 기울여 새로운 쓰레기 처리 시설을 연구하고 있지요.

쓰레기를 안전하게 매립하는 방법

- 쓰레기를 매립하기 전에 일정하게 부수고 압축해 단단하게 만듭니다.
- 매립 시설 안에 물이 들어가지 않게 합니다.
- 쓰레기에서 나오는 침출수는 정화한 다음 내보냅니다.
- 쓰레기가 스스로 분해되면서 나오는 매립 가스는 에너지로 사용하거나 태워서 내보냅니다.
- 매립하고 난 뒤에는 흙을 덮어 둡니다.

이렇게 쓰레기를 매립한 뒤에는 그 지역을 20~30년 동안 주의 깊게 감시해야 합니다.

2장
우리의 지구는?

우리의 활동과 쓰레기

우리의 모든 활동은 쓰레기를 만들어 냅니다.

기업이 원료를 사용하거나 쓰레기를 재활용해서 만든 물건은 결국 쓰레기를 만들어 냅니다.

하지만 그러한 쓰레기 가운데 어떤 건 새로운 물건을 만드는 데 재활용되겠지요.

우리가 살고 있는 주택이나 아파트는 콘크리트와 목재, 금속 따위로 지은 것입니다. 결국 우리가 살고 있는 집도 언젠가는 콘크리트 쓰레기, 나무 쓰레기, 광물 쓰레기가 된다는 뜻입니다.

우리가 남긴 생태 발자국

우리의 모든 소비는 소중한 자연에 영향을 줍니다.

1996년 캐나다 경제학자인 마티스 웨커네이걸과 윌리엄 리스는 생태 발자국이라는 개념을 개발했습니다. 생태 발자국이란 집의 크기, 먹는 음식, 버린 쓰레기, 이동과 소비에 필요한 에너지를 비롯해 인간의 활동이 지구 생태계에 미친 영향을 토지 면적으로 환산한 것입니다. 생태 발자국이 클수록 지구는 점점 더 병들어 가는데, 잘 사는 나라 사람일수록 생태 발자국 크기가 큽니다. 우리나라 사람 한 명의 생태 발자국 크기는 3.7ha입니다. 미국은 9.4ha, 아랍에미리트는 9.5ha, 덴마크는 8ha이지요. 그에 비해 아프가니스탄과 콩고는 각각 0.5ha입니다. 지구에 사는 사람 한 명당 평균 생태 발자국 크기는 2.7ha입니다(지구발자국네트워크 조사·2005년 기준). 지구가 감당할 수 있는 생태 발자국 크기는 한 명당 1.8ha입니다. 이대로라면 지구는 과연 몇 개나 필요할까요?

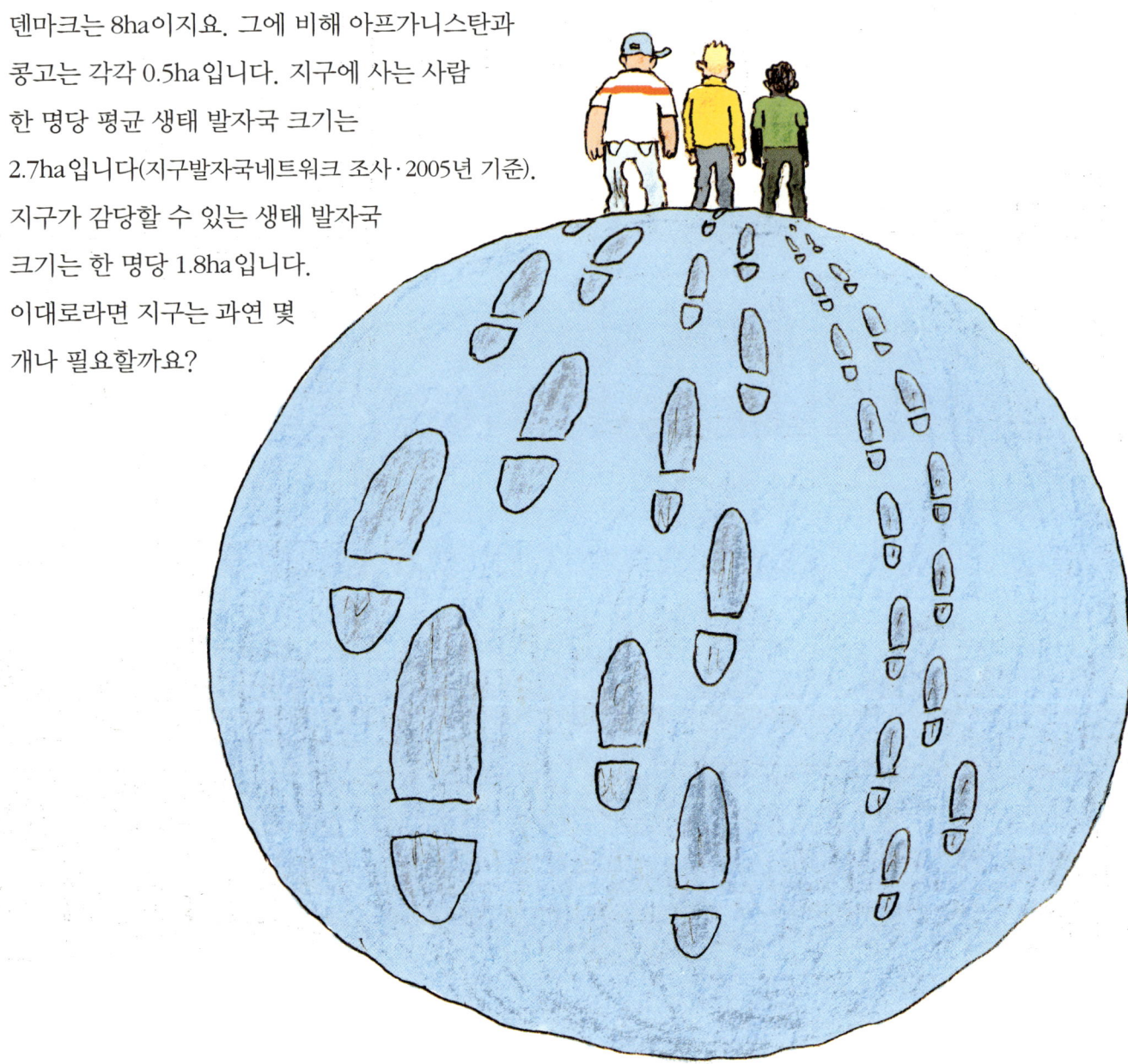

쓰레기의 수명

쓰레기의 수명은 쓰레기의 성질과 쓰레기를 버린 곳의 대기 상태에 따라 달라집니다. 쓰레기를 함부로 버렸을 때 각각의 쓰레기가 없어지는 데 얼마나 걸릴까요?

휴지 3개월

신문지 3개월~12개월

과일 껍질 3개월~2년

껌 5년

철 깡통 10년~100년

알루미늄 깡통 200년~500년

비닐봉지 450년

유리병 4000년

바이오 플라스틱이란?

미생물 속에 있는 폴리에스테르를 이용해 만든 플라스틱입니다. 땅속 미생물이 분해하므로 '생물 분해성 플라스틱'이라고도 하지요. 바이오 플라스틱은 자연 상태에서 일반 플라스틱보다 훨씬 빨리 없어집니다. 그렇다고 아무 데나 함부로 버리면 안 되겠지요.

이만큼 버리는 데 얼마예요?

쓰레기를 무료로 처리할 순 없습니다. 우리는 쓰레기를 처리하는 데 운송비, 인건비, 시설비 등 다양한 비용을 치러야 합니다.

우리나라는 전국에서 쓰레기 종량제를 실시하고 있습니다. 그래서 규격 봉투를 사야만 재활용이 안 되는 일반 쓰레기를 버릴 수 있습니다. 결국 우리는 자기가 버린 쓰레기 양만큼 처리 비용을 내게 됩니다. 쓰레기 종량제가 실시되기 이전에는 건물 면적이나 재산세에 따라 정해 놓은 쓰레기 처리 비용을 치러야 했습니다.

독특한 쓰레기 비용 청구 시스템

프랑스의 어떤 도시에서는 쓰레기통의 주인이 누구인지 알 수 있도록 쓰레기통에 전자 회로를 달아 놓았다고 합니다. 그래서 쓰레기차 안에서도 쓰레기를 누가 얼마나 버렸는지 확인해 비용을 청구한대요.

3장
내가 할 수 있는 일은?

물건을 살 때는 이렇게 해요

어느 누구도 자기 집 가까이에 쓰레기 처리 시설이 생기는 것을 원치 않습니다. 하지만 쓰레기는 곳곳에서 늘어만 갑니다. 그렇다면 어떻게 해야 할까요?

지금까지의 잘못된 습관을 고치면 우리 모두 환경을 지킬 수 있습니다.

환경을 위하는 다양한 소비 습관

- 볼펜은 심만 바꾸어서 계속 쓸 수 있는 걸 사세요. 그럼 돈도 절약하고 플라스틱 쓰레기도 줄일 수 있습니다.
- 일회용 용기에 담긴 과자나 음료수는 되도록 사지 마세요. 그리고 일회용 도시락보다는 오래 쓸 수 있는 도시락을 사용하세요.
- 어떤 종이 제품이든 양쪽 면을 모두 쓸 수 있는 걸 사세요. 또는 재생지로 만든 공책을 쓰세요.
- 태양열 계산기나 자가발전 장치를 사용한 손전등처럼 건전지가 필요 없는 전자 제품을 사세요. 건전지가 꼭 필요하다면 충전지를 사용하세요.

에코 디자인

환경에 대한 사회적 관심이 높아졌습니다. 그래서 여러 기업들은 좀 더 적극적으로 환경을 생각해서 물건을 만들기 시작하였지요. 이것이 바로 에코 디자인입니다. 예를 들어 기업은 물건의 원료를 아끼고 환경에 해를 끼치는 물질을 적게 사용합니다. 또 에너지 절약형 물건을 만들거나 오래 쓸 수 있는 물건을 만듭니다. 이제 에코 디자인은 전자 제품, 가구, 생활필수품 등 많은 상품에 적용되고 있습니다.

현명한 선택

- 슈퍼마켓에서 물건을 담아 주는 비닐봉지는 무게가 거의 6그램밖에 안 되지만, 자기 무게보다 1000배는 더 무거운 물건을 담을 수 있습니다. 그래서 사람들은 비닐봉지를 많이 사용하고 있지요. 그런데 비닐봉지가 꼭 필요할까요? 물건을 사서 가져올 때 비닐봉지보다는 천으로 된 장바구니를 쓰는 게 환경을 위하는 일이라고 부모님에게 말하세요.

- 포장을 아예 안 할 수는 없습니다. 하지만 불필요한 포장은 하지 말아야 합니다. 예를 들어 치약을 담는 튜브는 꼭 필요하지만 튜브를 포장하는 종이 상자는 꼭 필요한 게 아닙니다.

우리가 버린 쓰레기는 바로 우리가 산 물건

쓰레기를 줄이고 싶다면 물건을 살 때 빨리 버리게 될 물건인지 아닌지 고민해 보세요.

일회용품은 되도록 사지 말고 물건을 사기 전에 스스로에게 몇 가지 질문을 던져 보세요.

- 꼭 갖고 싶거나 필요한 물건인가요? 혹시 광고에 이끌려 사는 건 아닌가요? 유행이 끝나면 바로 쓰레기통에 던져 버릴 물건은 아닌가요?

- 어떤 물건이든 좀 더 아껴 쓸 수는 없나요? 설거지나 빨래를 할 때, 머리를 감거나 목욕을 할 때 거품을 지나치게 많이 내지는 않나요?

- 물건을 오래 쓰려면 어떻게 해야 할까요? 장난감을 오래 간직하고 싶다면 소중히 다루어야겠죠? 망가지면 고쳐서 쓰고요.

- 필요 없는 장난감은 버리지 말고 친구나 동생에게 주세요. 아니면 형편이 어려운 아이들에게 장난감을 나누어주는 단체에 보내세요.

우리는 거의 날마다 물건을 삽니다. 이왕이면 이런 물건을 찾아보세요.

- 친환경 제품에는 환경 마크가 찍혀 있습니다. 이 제품들은 쓰레기를 재활용해서 만들었거나, 오염 물질을 적게 내보냅니다. 환경 마크는 우리나라를 비롯해 유럽연합(EU), 미국, 일본 등 40여 개 나라에서 사용하고 있습니다.

- 내용물만 바꾸어서 계속 쓸 수 있는 제품을 삽니다. 그럼 제품 용기를 버리지 않아도 됩니다. 또 꼭 필요한 포장만 한 제품을 사는 것이 좋습니다.

- 오래 쓸 수 있는 제품을 고릅니다. 처음 살 때 가격이 조금 비싸더라도 나중을 생각하면 훨씬 경제적이고 쓰레기도 줄일 수 있습니다.

노력을 조금만 기울이면 여러분도 환경을 생각하는 소비자가 될 수 있답니다.

분류하고, 다시 쓰고, 다른 용도로 사용하기

아무리 포장을 간단하게 하더라도 포장재는 나오기 마련입니다. 그렇다면 포장재들이 새로운 삶을 살 수 있도록 분리수거를 해 주어야겠지요?

이제 거의 모든 가정에서 포장재를 분리수거하고 있습니다. 하지만 다른 쓰레기 때문에 더러워진 포장재는 재활용할 수 없습니다. 특히 우유갑, 유리병, 금속 깡통, 플라스틱류는 반드시 겉면에 적혀 있는 분리 배출 표시에 따라 분리해서 버리세요.

물건을 버리기 전에 꼭 생각해 보세요.
고쳐서 다시 쓰거나 다른 용도로 사용할 수 있는지 말이에요.

여러분은 분리수거를 잘 하고 있나요? 분리수거를 올바르게 하고 있는지 다시 한 번 꼼꼼히 따져 보세요. 예를 들어 우유갑은 내용물을 비우고 물로 한 번 헹군 다음 펼치거나 납작하게 접어서 버려야 합니다. 또 부탄가스 통이나 살충제 통은 송곳으로 구멍을 뚫어서 버려야 합니다.

우리나라에서는 한 해에 28만 7843톤이나 되는 폐타이어가 나옵니다(2009년 기준). 예나 지금이나 폐타이어는 늘 골칫덩이었습니다. 잘 썩지도 않는 데다가 태우면 시커먼 연기가 나오기 때문이지요. 하지만 이제 폐타이어는 여러 가지 방법으로 재활용됩니다. 재생 타이어를 만들거나 갈아서 갖가지 고무 제품을 만들 수 있거든요. 최근에는 폐타이어에서 기름을 뽑는 기술도 개발되었습니다. 이렇듯 폐타이어도 훌륭한 자원이 될 수 있습니다. 그러니 부모님에게 자동차 타이어를 아무 데나 버리면 안 된다고 말하세요.

어떤 물건이든 쓰고 나면 여러 가지 용도로 다시 사용할 수 있습니다. 예를 들어 못 입는 옷은 잘라서 걸레나 행주로 쓸 수 있습니다. 한 번 쓰고 버리는 휴지보다 훨씬 경제적이지요. 그리고 남은 헝겊 조각들을 이어 붙이면 예쁜 침대보나 방석을 만들 수도 있습니다.

쓰레기가 미술관에 전시되어 있다면 믿을 수 있겠어요? 하지만 사실입니다. 피카소, 세자르, 아르망을 비롯한 많은 미술가들이 쓰레기로 미술 작품을 만들었습니다.

유기 쓰레기로 퇴비 만들기

퇴비는 유기 쓰레기로 만듭니다. 유기 쓰레기 가운데 나뭇잎이나 잡초처럼 화단에서 나온 쓰레기는 퇴비를 만들기에 더없이 좋은 재료입니다. 여기에 과일 껍질처럼 염분이 없는 음식물 쓰레기를 섞어도 좋습니다. 하지만 나뭇가지나 고기 찌꺼기 같은 것은 골라내야 합니다.

유기물은 자연 상태에서 스스로 변합니다. 하지만 빠른 시간 안에 퇴비를 만들고 싶다면 몇 가지 규칙을 따르면 됩니다.

– 미생물이 많이 들어 있어야 좋은 퇴비입니다. 여러 종류의 유기 쓰레기를 섞으면 미생물이 많이 생깁니다.

– 유기 쓰레기를 바람이 잘 통하는 곳에 놓고 섞습니다. 미생물에 산소가 필요하기 때문입니다.

– 이제 습도를 알맞게 유지해 주어야 합니다.

유기 쓰레기를 섞을 때 이따금 흙을 뿌려 주면 미생물이 더욱 잘 자랍니다. 퇴비는 땅에 쌓아 놓거나 통에 담아 만듭니다. 하지만 햇볕이 너무 내리쬐는 곳이나 비바람을 맞는 곳은 피해야 합니다.

이렇게 6~12개월 정도 지나면 잘 띄운 퇴비가 만들어집니다. 색깔은 어두워지고 기분 좋은 흙냄새가 솔솔 풍기지요. 정원에 퇴비를 뿌릴 때에는 퇴비와 흙을 1 대 2의 비율로 섞어 사용합니다. 그리고 화분에 사용할 때에는 퇴비와 흙과 모래를 1 대 1 대 1의 비율로 섞으면 됩니다.

지속 가능한 발전

쓰레기를 재활용하는 기술이 아무리 발달한다 해도 한계는 있기 마련입니다. 어쩌면 '쓰레기 안 버리기'는 영원히 이루어지지 않을지도 모릅니다. 게다가 우리가 소비하는 물건은 제조, 운송, 사용 방법에 따라 어떻게든 환경에 영향을 끼칩니다.

무엇보다 환경에 영향을 적게 주는 물건을 써야 합니다. 그리고 쓰레기 관리를 잘 하면 지금이라도 '지속 가능한 발전'에 참여할 수 있습니다. 지속 가능한 발전이란 1987년 세계환경개발위원회가 발표한 〈브룬틀란드 보고서〉에 나온 말입니다. 이 말은 미래 세대가 잘 보존된 환경 속에서 적절한 개발을 할 수 있도록, 우리 세대가 필요한 개발만을 친환경적으로 하자는 뜻이지요.

전 세계로 퍼져 나가고 있는 이 개념을 생텍쥐페리는 이렇게 표현했습니다.
"이 땅은 우리의 선조들에게 물려받은 것이 아니라, 우리 아이들에게서 빌린 것이다."
이 말은 지구에서 살아가는 생명체가 지금의 우리만이 아니라는 뜻입니다. 지금 이 순간에도 지구의 수많은 생명들이 위협을 받고 있습니다. 잘못된 습관을 고치고 힘을 모아 이러한 위협을 물리쳐야 합니다.

우리나라 헌법에는 1980년에 처음으로 환경권에 관한 규정이 생겼습니다.

- 권리 : 모든 국민은 건강하고 쾌적한 환경에서 생활할 권리를 가집니다.
- 의무 : 국가와 국민은 환경보전을 위하여 노력해야 합니다.

이제 참여하고 지켜 나가는 건 바로 여러분의 몫입니다.

쓰레기와 재활용에 관한 퀴즈

이제는 쓰레기와 재활용에 대해 잘 알게 되었을 거예요. 아래에 있는 퀴즈를 풀어 보세요!

1 '팔랭프세스트'는 글자를 지우고 새 글자를 써 놓은 양피지예요.
① 참
② 거짓

2 나무로 만든 종이가 발명되기 전에는 누더기로 종이를 만들었어요.
① 참
② 거짓

3 잘사는 나라 국민일수록 쓰레기를 많이 버려요.
① 참
② 거짓

4 다음 중 환경에 해를 끼치지 않는 쓰레기는 무엇일까요?
① 건전지
② 과일 껍질
③ 약

5 쓰레기를 수거하고 관리하는 곳은 어디일까요?
① 지방자치단체
② 시민 단체
③ 기업

6 커다란 쓰레기를 버리려면 어디에 신고해야 할까요?
① 환경부
② 집하장
③ 동사무소

7 쓰레기를 임시로 모아 두는 곳을 무엇이라고 하나요?
① 적환장
② 소각 시설
③ 매립 시설

8 강철은 철 광물로 만들어요.
① 참
② 거짓

9 유리는 모래로 만들어요.
① 참
② 거짓

10 직물 쓰레기는 재활용할 수 없어요.
① 참
② 거짓

11 비료를 만드는 데 쓸 수 없는 건 무엇일까요?
① 과일 껍질
② 건전지
③ 시든 나뭇잎

12 쓰레기를 태우면 쓰레기의 부피를 얼마나 줄일 수 있을까요?
① 75~77퍼센트
② 80~85퍼센트
③ 95~99퍼센트

13 여러분이 자연 속에 껌을 버렸다면 없어지는 데 얼마나 걸릴까요?
① 1주
② 1달
③ 5년

14 우리의 모든 활동은 쓰레기를 만들어 내요.
① 참
② 거짓

15 '지속 가능한 발전' 이란 무슨 뜻일까요?
① 규칙적으로 커지는 것
② 미래 세대가 잘 보존된 환경 속에서 적절한 개발을 할 수 있도록, 우리 세대가 필요한 개발만을 친환경적으로 하자는 것
③ 환경을 걱정하지 않고 계속 소비하는 것

정답

1. ① 쥐
2. ① 쥐
3. ① 쥐
4. ② 과일 껍질
5. ① 지렁이지렁해
6. ③ 동사무소
7. ① 재활용
8. ① 쥐
9. ① 쥐
10. ② 가지
11. ② 길잡이
12. ③ 95~99퍼센트
13. ③ 5달
14. ① 쥐
15. ② 미래 세대가 쓸 것 고려함
6. ③ 땅 속에서 적당히 개발된 것
7. ① 있는 듯, 우리 세대가
8. ① 쥐
9. ① 쥐 신성장정책으로 육지하는 것

찾아보기

ㄱ

강철 29, 32
건전지 21, 26, 27, 56
고철 12
고철류 24
관리형 매립 시설 44
광재 44
구리 29
국제연합환경계획(UNEP) 17
굴뚝 자동 측정 시스템 43
금 29
금속 29, 32, 36
금속 깡통 20, 60
깡통류 24

ㄴ

넝마 12
넝마주이 12, 14
누더기 12, 13

ㄷ

다이옥신(dioxin) 43

ㅁ

마티스 웨커네이걸(Mathis Wackernagel) 50
매립 39, 44, 45
매립 시설 31, 43, 44, 45
매립지 34
매연 44

먼지 43
메탄(methane) 39
미생물 38, 51, 64
미화원 23

ㅂ

바이오 가스(biogas) 39
바이오 플라스틱(bioplastic) 51
보크사이트(bauxite) 32
분리수거 19, 21, 24, 30, 33, 39, 60, 61
브룬틀란드(brundtland) 보고서 66
비철금속 29, 32

ㅅ

사업장쓰레기 9
산성 가스 43
산업폐기물 15
생물 분해성 플라스틱 51
생산자 책임 재활용 제도 28
생태 발자국 50
생태계 27, 38, 50
생텍쥐페리(Antonie de Saint-Exupéry, 1900~1944) 66
생활쓰레기 9, 39, 43, 44
세계환경개발위원회(WCED) 66
소각 39, 44
소각 시설 31, 39, 42
소각로 43
소각재 44
쓰레기 종량제 52
쓰레기 처리 시설 19, 40, 41, 45, 56
쓰레기장 16

쓰레기차 14, 22, 23, 40
쓰레기통 8, 14, 20, 23, 27, 53, 58

ㅇ
알루미늄(aluminium) 24, 32
알루미늄 깡통 51
압축 장치 22
양피지 13
에코 디자인(eco design) 56
연기 처리 장치 43
연소재 8
오니 8, 44
오물 11, 18, 37
오물 청소법 15
우유갑 20, 31, 35, 60, 61
윌리엄 리스(William Rees) 50
유기 쓰레기 38, 39, 64
유기물 64
유기물질 38
유리 29, 33, 36
유리병 12, 20, 33, 51, 60
유리병류 24
음식물 쓰레기 20, 21, 39, 64
의료 폐기물 23
일반 쓰레기 21, 52
일회용품 17, 19, 58

ㅈ
재생지 35, 56
재생타이어(tire) 61

재활용 12, 13, 19, 21, 24, 28, 29, 31, 32, 33, 34, 35, 36, 38, 39, 40, 43, 44, 48, 59, 60, 66
재활용 분리 선별장 30
재활용 센터 28
재활용 수거함 20
재활용품 30
적환장 40, 41
전기분해 32
정화 시설 43, 45
종량제 봉투 19, 21, 28, 40
종이 24, 34, 35, 36
종이류 20, 24, 34
주사기 23
중금속 26, 43
지속 가능한 발전 66
직물 29, 37

ㅊ
차단형 매립 시설 44
철 24
철 깡통 51
친환경 쓰레기차 22
친환경 제품 59
침출수 39, 44, 45

ㅌ
타이어 37, 61
탄성 고무 29
토양미생물 38
퇴비 39, 64, 65

ㅍ

파피루스(papyrus) 13, 35
팔랭프세스트(palimpseste) 13
페트병 36
폐건전지 21, 25, 27
폐건전지 수거함 21, 27
폐기물 8, 18
폐기물 관리법 8, 18
폐산 8
폐알칼리(alkali) 8
폐약품 26
폐유 8
폐의약품 수거함 27
폐지 12
폐차 업자 29
폐차장 29
폐타이어 61
폐형광등 25
포장재 24, 61
폴리에스테르(polyester) 51

폴리에틸렌(polyethylene) 31
폴리우레탄(polyurethane) 29
푸벨(poubelle) 24
프레온가스(freon gas) 29
플라스틱 17, 29, 36, 51, 56
플라스틱 병 20, 31
플라스틱류 24, 60

ㅎ

호모 일렉트로니쿠스 17
호모 플라스티쿠스 17
환경 마크 59
환경 미화원 23, 25
환경권 67

쓰레기의 행복한 여행

2007년 12월 28일 1판 1쇄
2024년 11월 15일 1판 12쇄

글쓴이 : 제라르 베르톨리니, 클레르 드라랑드
그린이 : 니콜라 우베쉬
옮긴이 : 유하경

편집 : 최일주, 김언수
디자인 : 권소연
제작 : 박흥기
교정 : 한지연
마케팅 : 양현범, 이장열, 김지원
홍보 : 조민희

출력 : 블루엔
인쇄 : 코리아피앤피
제책 : J&D바인텍

펴낸이 : 강맑실
펴낸곳 : (주)사계절출판사
등록 : 제 406-2003-034호
주소 : (우)10881 경기도 파주시 회동길 252
전화 : 031)955-8588, 031)955-8558
전송 : 마케팅부 031)955-8595 | 편집부 031)955-8596
홈페이지 : www.sakyejul.net | 전자우편 : skj@sakyejul.com
페이스북 : facebook.com/sakyejulkid | 인스타그램 : instagram.com/sakyejulkid

값은 뒤표지에 적혀 있습니다. 잘못 만든 책은 구입하신 서점에서 바꾸어 드립니다.
사계절출판사는 성장의 의미를 생각합니다. 사계절출판사는 독자 여러분의 의견에 늘 귀 기울이고 있습니다.

ISBN 978-89-5828-271-6 73530